Inneres Kind verstehen & heilen

Wie Sie unbewältigte Konflikte in sich erkennen, mit dem inneren Kind in Kontakt treten, es stärken und heilen, um endlich in voller Lebenskraft zu erblühen

Julia Wiederspohn

INHALT

Das erwartet Sie in diesem Buch

Sagt man Ihnen nach, Sie seien ein Perfektionist? Sind Sie überaus harmoniesüchtig, reagieren Sie auf bestimmte Konflikte in der Partnerschaft mit Eiseskälte oder blinder Wut? Wollen Sie es anderen oft recht machen, bis Sie sich erschöpft fühlen, geht es sogar bis hin zur Selbstaufgabe? Sind es immer ähnliche Situationen, in denen Sie ungewöhnlich emotional reagieren?

Dies alles könnten Hinweise sein, dass Sie in Ihrer Kindheit Narben davongetragen haben, die noch auf eine Heilung warten. Ich möchte Sie auf eine Zeitreise einladen. Eine Reise in Ihre Vergangenheit. "Zurück in die Zukunft" wäre ein passendes Motto für diese Reise, denn was Sie in Ihrer frühesten Kindheit an Erfahrungen gesammelt haben, hat einen unmittelbaren Einfluss auf Ihr Verhalten in der Gegenwart.

Sie werden erfahren, was es mit dem Modell des inneren Kindes auf sich hat, und Erkenntnisse erlangen, die es Ihnen ermöglichen, Ihre individuellen Verhaltensmuster, die als Reaktion auf Erlebnisse in der frühen Kindheit ihren Ursprung haben, aufzuspüren und diese bewusst zu verändern. Gehören Sie zu den Menschen, die immer wieder dieselben Konflikte, Menschen oder Situationen in ihr Leben ziehen? Jetzt haben Sie aktiv die Möglichkeit, diese negativen Kreisläufe zu erkennen und zu stoppen.

Sie werden auf dieser Reise sehr viel über sich lernen, Ihre eigenen Emotionen besser verstehen und es wird sich Ihnen offenbaren, was wirklich für eine Botschaft hinter Ihren Verhaltensmustern steht. Machen Sie sich klar, dass jeder von uns ein inneres Kind besitzt, daher wird Ihnen das Wissen um diesen Anteil in der Psyche jedes Menschen ein tieferes Verständnis für sich und andere liefern und Ihre zwischenmenschlichen Beziehungen verbessern. Dieses Kind in uns allen möchte wahrgenommen werden! Es wird – wie ein kleines Kind – so lange an Ihnen zupfen und quengeln, bis Sie ihm Aufmerksamkeit zukommen lassen und seine Bedürfnisse erfüllen. Dann kann – in allen Bereichen des Lebens – Frieden einkehren.

Der Spaßfaktor auf dieser für Sie sehr persönlichen Reise wird auf keinen Fall zu kurz kommen! Sie werden ebenfalls lernen, wie Sie die positiven Gefühle, die Sie als Kind verspürten, in den Alltag integrieren können. Wann haben Sie sich das letzte Mal unbeschwert und voller Begeisterung um eine gewisse Sache gekümmert? Lernen Sie, die Dinge wieder mit den Augen eines Kindes zu sehen, voller Begeisterung und Neugier.

Es erwartet Sie eine Auswahl an Methoden, um mit Ihrem inneren Kind in Kontakt zu treten, und zahlreiche Praxisbeispiele, wann und warum Ihr inneres Kind zum Vorschein kommt, obwohl es Ihnen gar nicht bewusst ist. Indem Sie sich dem Kind in Ihnen annehmen, eröffnet sich Ihnen vielleicht eine ganz neue Perspektive auf Ihr Leben, das Streben nach den Ihnen sonst wichtigen Idealen ist plötzlich nicht mehr passend und kann durch etwas anderes, Heilsameres, ersetzt werden. Ihre Beziehungen werden sich verbessern und zukünftig können Sie durch mehr Selbstliebe und Akzeptanz ein gesünderes Leben führen. Zukünftig wird Ihr Partner oder Ihr/e Arbeitskollege/in vielleicht erstaunt feststellen, dass Sie in Situationen ganz gelassen reagieren, in denen Sie früher schnell auf die Palme geklettert sind.

Die Übungen, die Sie in diesem Buch kennenlernen, können Sie ganz für sich allein durchführen oder aber mit Ihrem Partner oder einem guten Freund/einer guten Freundin. Sie lernen in spielerischer Art und Weise, dass ein Kind in jedem von uns aktiv ist, und Sie lernen sich selbst bzw. gegenseitig auf eine Art und Weise kennen, welche die intime Bindung zueinander stärkt.

Am Ende der Reise fühlen Sie sich vielleicht gut gewappnet für die nächste kleine oder große Krise des Alltags, denn die Situationen, an denen Sie sich früher emotional aufgerieben haben, können Sie mit Leichtigkeit vermeiden. Sind Sie bereit?

JULIA WIEDERSPOHN

Das Modell des inneren Kindes

FRÜHKINDLICHE PRÄGUNG UND THERAPEUTISCHE ANSÄTZE

In den ersten Lebenswochen empfindet sich ein Säugling noch als vollkommene Einheit mit der Mutter, ab dem dritten Monat beginnt der aufregende Lernprozess des Lebens. Zunächst Erfahrungen, die sein Verhalten mit einer besonderen Wirkung in Verbindung bringen, wie z. B. das Schreien mit der Nahrungsaufnahme oder das Greifen nach einem Gegenstand mit dem Anbieten desselben. Reaktionen der Mutter werden als

Spiegel wahrgenommen und es entwickelt sich langsam die eigene Körperwahrnehmung. Mit Beginn des zweiten Lebensjahres entwickelt das Kleinkind einen eigenen Willen und erfährt zum ersten Mal Grenzen, die in Tränen und Enttäuschungen enden, wenn diese gesetzt werden. Am Ende des zweiten Lebensjahres erkennen wir unser Spiegelbild als unser eigenes "Ich". Unsere Eigenständigkeit nimmt hier ihren Anfang. Ab dem dritten Lebensjahr stellt ein Kind einen Zusammenhang zwischen Ursache und Wirkung her, sieht aber die Ursache für ein Lob, einen Tadel, ein Verbot oder ein Schimpfen in sich selbst.

Unschuldig und vollkommen in den Händen der Eltern haben wir als Kleinkind nur diese Grundbedürfnisse: Ernährung, Gesundheit, Schlaf, Sicherheit, Liebe, Akzeptanz und Geborgenheit. Es sind die ersten Lebensjahre zwischen 0 und 6 Jahren, in denen positive und negative Erfahrungen unbewusst für die Zukunft – auf unserer Festplatte – abgespeichert werden. Hier wird der Grundstein gelegt für unsere spätere Entwicklungs- und Lernfähigkeit, diese sind gleichzusetzen mit den späteren sozialen Kompetenzen eines jeden Menschen.

Die schmerzlichen Erfahrungen in der frühkindlichen Phase haben im Kleinkind Ängste oder Widerstand gegen weitere Erlebnisse ausgelöst und es hat Schutz- und Abwehrmechanismen erlernt, um die Erlebnisse zu verkraften. Des Weiteren haben wir als kleine Kinder gelernt, wie wir uns zu verhalten haben, um diese Situationen zu vermeiden. Dabei wurde unter Umständen unsere Wahrnehmung unterdrückt bzw. wir haben unserem Gefühl misstraut, es verleugnet oder als falsch angesehen und uns verstellt.

Jedes Kind hat den Wunsch, von den Eltern geliebt zu werden, und wenn im Laufe der persönlichen Entfaltung wiederholt Ablehnung, Strafe oder Kälte seitens der Bezugspersonen erfahren wird, wird das Bedürfnis langsam unterdrückt. Das ist eine unbewusst ablaufende Schutzfunktion im Gehirn, so Hirnforscher Gerald Hüther. Der Neurologe erklärt, dass dieser Mechanismus, "Kohärenz" genannt, unerlässlich ist, damit das Gehirn und zwangsläufig der ganze Mensch am wenigsten Energie verbraucht. Dieser Zustand wird dann erreicht, wenn alle neurologischen und biologischen Vorgänge optimal zusammenpassen. Entsteht ein Konflikt zwischen dem Bedürfnis des Kindes nach Anerkennung und der Zurückweisung der Eltern, dann wird die Kohärenz gestört und dieser Zustand wird sehr schnell unbequem, weil die Nervenzellen des Gehirns anfangen, unkoordiniert zu feuern. Daraus folgt ein Unwohlsein und wir suchen nach einer Lösung. Wird die Lösung gefunden, wird die Gehirnchemie wieder kohärenter und es geht uns besser. Aus diesem Grund verzichtet das kleine Kind bereitwillig auf seine Bedürfnisse. Laut Gerald Hüther kommt dann noch ein Umstand hinzu, der diese neurologische Funktion unfreiwillig belohnt: das Lob der Eltern, weil das Kind brav ist.

Weiter führt er aus, dass genau diese neurologischen Prozesse dafür sorgen, dass wir gut in Familie und Gesellschaft eingegliedert werden, hineinpassen. Er schlussfolgert, dass z. B. ein guter Schulabschluss nicht unbedingt ein Indikator für Intelligenz und Fleiß ist, sondern für gute

Anpassungsfähigkeit. Je mehr sich das Gehirn in die Unterdrückung der Bedürfnisse und Persönlichkeitsmerkmale einmischt, desto anpassungsfähiger ist ein Mensch.

Der Forscher ist überzeugt, dass man in diesem Zustand nie wirklich glücklich ist, weil die immer wieder aufkeimenden Bedürfnisse mit einem hohen Energieaufwand im Gehirn weggedrückt werden. Die Betroffenen passen sich stets weiter an die äußeren Lebensumstände an, passen überall hinein und verfügen über keine individuelle Entfaltung. Sie haben wichtige Eigenschaften wie Lebensfreude, Spontaneität und Leidenschaft verloren. Die gute Nachricht ist, dass das Gehirn zeitlebens umbaufähig ist und es nie zu spät ist, sich aus den erlernten Verhaltens- und Gefühlsmustern zu lösen. Dazu ist es notwendig, wieder in Berührung mit unseren Bedürfnissen und Persönlichkeitsanteilen zu kommen. Die Hirnforschung kennt diese Fähigkeit unter "Neuroplastizität".

In der Psychotherapie betrachtet man seit den 90er-Jahren das innere Kind als Modell für die individuellen Erlebnisse der Kindheit, also ein Bündel aus Gefühlen, Erinnerungen und Erfahrungen. Gefühle wie Freude, Schmerz, Glück, Traurigkeit, Intuition, Neugierde, Verlassenheit, Einsamkeit, Angst und Wut werden vom kleinen Kind erlebt, aufgrund der noch fehlenden Selbstreflexion eines Erwachsenenbewusstseins jedoch später in dysfunktionale und ungesunde Glaubens- und Lebensmuster umgewandelt.

In unterschiedlichen psychotherapeutischen Ansätzen wird die Arbeit mit dem inneren Kind genutzt, um seelische Wunden und Traumata der Kindheit zu heilen, um zu mehr Selbstliebe, Selbstbewusstsein und insgesamt einem gesünderen Umgang mit sich selbst zu finden. Dabei wird bewusst eine zweigeteilte Perspektive eingenommen, die des beobachtenden, erwachsenen und reflektierten Bewusstseins und die des erlebenden kleinen inneren Kindes. So können Zusammenhänge hergestellt werden, indem die kausale Verbindung aus dem unbewussten Zustand in das Bewusstsein geholt wird, verstanden und akzeptiert, beleuchtet und geheilt werden.

Die Integration negativer Erfahrungen der Vergangenheit und Auflösung belastender Verhaltensmuster ist keineswegs neu. Als fester Bestandteil in der psychotherapeutischen Arbeit, in alternativ-spirituellen Heilkreisen zur Blockaden-Lösung oder Seminaren zur Persönlichkeitsentwicklung und Coachings hat dieses Prinzip viele Geschwister, z. B. die Integration des "Schatten-Ichs", Familienaufstellung nach Bert Hellinger, das hawaiianische Vergebungs-Gebet Ho'Opoono, NLP usw.

Im Prinzip geht es immer um das Loslassen des Schmerzes aus der Vergangenheit und Heilung der damit zusammenhängenden Gefühle. Das Konzept des inneren Kindes findet nicht nur in der westlichen Welt durch viele Ratgeber und Seminare Aufmerksamkeit, sondern ist z. B. auch im Buddhismus fester Bestandteil für ein glücklicheres Leben.

WIE ERKENNE ICH, OB ICH UNBEWÄLTIGTE KONFLIKTE AUS DER KINDHEIT IN MIR TRAGE?

Nun, ich kann Sie beruhigen. Keine Kindheit ist perfekt, so schreibt Stefanie Stahl in ihrem Bestseller "Das Kind in dir muss Heimat finden". Weder gibt es die perfekten Eltern noch die perfekte Kindheit. Also sollten wir der Arbeit mit dem inneren Kind zunächst einmal entspannt entgegensehen, denn wir haben alle Konflikte erfahren. Es gibt jedoch einige Hinweise, die darauf schließen lassen, dass sich ungesunde Verhaltensweisen aufgrund der frühkindlichen Erfahrung manifestiert haben:

1. Kontrollzwang
2. Mangelnde Empathie und Einfühlungsvermögen in das Gegenüber, Gefühlskälte in der Partnerschaft, "mauern" bzw. "dichtmachen" in Konflikten
3. Probleme im Umgang mit Autoritätspersonen

4. Starke Rebellion gegen auferlegte soziale, gesellschaftliche, familiäre oder partnerschaftliche Spielregeln

5. Harmoniesucht (u. a. Selbstaufgabe, Erschöpfung, Depression, Burn-out)

6. Verlustängste (z. B. Erschaffung von Abhängigkeiten und Verbleiben in ungesunden Beziehungen, Unterwürfigkeit)

7. Einnehmen einer Opferrolle (z. B. meckern, nörgeln, jammern)

8. Mangelnde Kompromissbereitschaft (z. B. stets "das Haar in der Suppe suchen", Spielverderber sein)

9. Perfektionismus (z. B. keine Selbstwahrnehmung der eigenen Grenzen, physische und psychische Verausgabung, erhöhte Disziplin z. B. beim Sport, Ernährung, am Arbeitsplatz, Selbsthärte)

10. Mangelnde Selbstliebe (z. B. Ablehnung des eigenen Körpers, Schönheitswahn)

11. Suchtverhalten (Alkohol, Drogen etc.)

12. Starke Stimmungsschwankungen, unangemessene emotionale Ausbrüche

13. Mangelndes Vertrauen in sich selbst und andere (z. B. Eifersucht, Kontrolle, Gefühl der Minderwertigkeit)

14. Übermäßige Ich-Bezogenheit (z. B. starker Wunsch, die eigenen Bedürfnisse stets erfüllt sehen zu wollen, notfalls durch Erschaffung von stets neuen Krankheiten oder Lügen).

Die Ausprägung und ob damit ein Leidensdruck einhergeht, wird individuell sehr verschieden empfunden. Da wir alle nach mehr Gelassenheit, Entspannung und Gesundheit streben, sollten wir einmal genauer hinschauen, denn Stress und Konflikte führen auf Dauer zu unerwünschten Begleiterscheinungen.

Auch oberflächlich erst einmal subtil erscheinende Gefühle in Alltagssituationen sind es Wert, unter die Lupe genommen zu werden: Wenn Sie sich z. B. das ganze Wochenende über Ihren Chef ärgern, weil er Ihnen am Freitag eine halbe Stunde vor Feierabend noch einen Auftrag zukommen ließ, Sie Ihre Freizeit daher nicht unbeschwert genießen können und Sie montags übel gelaunt ins

Büro gehen. Oder Sie freuen sich schon länger auf einen geplanten Ausflug oder ein Ereignis und am Tag selbst fühlen Sie sich nicht in Stimmung, haben vielleicht psychosomatische Krankheitssymptome wie z. B. Rücken- oder Kopfschmerzen. Ein Streit mit dem Partner eskaliert, die sog. Mücke verwandelt sich in einen Elefanten. Ein Fremder auf der Straße kritisiert Sie wegen einer Kleinigkeit und innerlichen glühen Sie vor Wut und es hängt Ihnen noch lange nach.

SCHATTEN- UND SONNENKIND

Der kindliche Anteil unserer Persönlichkeit wird in der therapeutischen Arbeit grundsätzlich in zwei Teilen gesehen. Das Kind in uns, welches von den Eltern geliebt, akzeptiert und angenommen wurde, wird häufig als "Sonnenkind" oder auch "Glückliches Kind" bezeichnet. Sämtliche positiven Erfahrungen und erlebten Gefühle werden dem "Sonnenkind" zugeordnet und drücken sich besonders durch Persönlichkeitsmerkmale wie Freude, Spontaneität, Offenheit, Neugierde,

Begeisterung, Verantwortungsbewusstsein, Humor, Empathie aus.

Im Gegensatz zum "Sonnenkind" hat das "Schattenkind" Ablehnung erfahren, wurde ignoriert, mit Strenge behandelt, mangelnde Liebe gefühlt oder wurde verlassen. Die negativen Gefühle und Erlebnisse werden dem "Schattenkind" bzw. dem "Unglücklichen Kind" zugeordnet. Beispielhaft zeigen sich Persönlichkeitsmerkmale wie Traurigkeit, Frustration, Ärger, Neid, Eifersucht, Scham etc.

Die symbolhafte Unterscheidung zwischen dem fröhlichen, unbeschwerten und lebenslustigen Kind und dem traurigen, einsamen und zurückgewiesenen Kind dient zur Vereinfachung und Zuordnung von negativen und positiven Glaubenssätzen und kann unabhängig voneinander für die persönliche Arbeit mit dem inneren Kind genutzt werden.

Wichtig ist, dass Sie sich verinnerlichen, dass Ihr Unterbewusstsein ein Leben lang danach strebt, die schmerzhaften und negativen Erfahrungen, die als Kind nicht verarbeitet wurden und

Sie dauerhaft geprägt haben, erneut zu erleben. Diese Situationen, Themen, Umstände und Personen mit den entsprechenden, "passenden" Eigenschaften werden Ihnen so lange präsentiert und von Ihnen unbewusst in Ihr Leben eingeladen, bis Sie eine (Er-) Lösung finden. Das tun Sie nicht bewusst, um weiterhin diese negativen Gefühle zu erfahren oder um Ihre Wunden zu lecken, sondern um eine Heilung, ein Happy End, zu finden. Ihr inneres Kind zeigt Ihnen einen Weg der Heilung, der Konfliktlösung, der oft über den Schmerz führt. Es hilft Ihnen aber auch dabei, zu erkennen, dass es an der Zeit ist, ungesunde Kreisläufe zu beenden.

Beispiele aus der Praxis

DAS INNERE KIND IN DER PARTNERSCHAFT

Welchen Partner wir wählen, hängt von mehreren Faktoren ab, dennoch ist das innere Kind häufig die treibende Kraft, der Motor bei der Wahl für den Lebenspartner, aber auch für Freunde oder Liebhaber. Das innere Kind sucht und findet in der Partnerschaft seine Eltern, da sind sich die Paartherapeuten einig. Das, was uns als Kind verwehrt wurde, was wir damals nicht erhalten haben, hofft der unbewusste Teil in uns nun zu bekommen. Daher ist es nicht verwunderlich, dass wir uns häufig zu Menschen hingezogen fühlen, die unserem Vater oder unserer Mutter ähnlich sind. Dabei kann es sich um äußerliche wie innerliche Merkmale handeln. Es gibt allerdings auch genau das Gegenteil: Wenn das Verhalten der Eltern stark abgelehnt wurde, dann suchen wir genau den Menschen, der auf den ersten Blick das genaue Gegenteil der Eltern verkörpert. Es kann durchaus vorkommen, dass nach der ersten Verliebtheitsphase erkannt wird, dass sich der Partner dann doch verhaltenstechnisch in einen Elternteil verwandelt und die Enttäuschung darüber ist verständlicherweise groß.

Woran erkenne ich, dass sich das innere Kind an der Partnerwahl beteiligt?

• Wir geraten immer wieder an Partner, die ähnlich untreu, emotional unterkühlt, aufbrausend, eifersüchtig, kontrollierend etc. sind (so wie ein Elternteil von uns war).

• Wir erleben die Ehe unserer Eltern stellvertretend in unserer Ehe oder Beziehung. Der Partner nimmt in seinem Verhalten die Position eines Elternteils ein und wir verwandeln uns automatisch in den anderen Elternteil. ("Dabei wollte ich ja niemals so werden wie meine Mutter .../mein Vater ...").

• Wir übernehmen die Verantwortung in einer Partnerschaft und sehnen uns eigentlich nach einer starken Schulter, möchten uns fallen lassen und Unterstützung erfahren. (Dies könnte Ihnen bekannt vorkommen, wenn Sie zu früh als Kind sich selbst überlassen wurden oder die Verantwortung für Ihre Geschwister innehatten).

• Es wird ein Partner gewählt, der uns mit Aufmerksamkeit und Fürsorge überhäuft, uns vielleicht kontrolliert oder manipuliert bzw. gängelt (so wie es Vater oder Mutter getan hat).

• Der Partner lehnt uns ab, ignoriert uns, lässt uns allein, lässt keine Nähe zu (z. B. wenn die Mutter uns zu früh physisch oder emotional allein gelassen hat oder uns der Vater bei Fehlverhalten mit Ignoranz gestraft hat).

> • Wir stehen für den Partner nie an erster Stelle (besonders häufig bei Geschwisterkindern der Fall, wenn die Eltern dem Geschwisterkind mehr Aufmerksamkeit zukommen ließen).

Wenn wir uns in einen anderen Menschen verlieben, dann findet eine umfassende Heilung des inneren Kindes auf beiden Seiten statt, denn man fühlt sich vom anderen vollkommen angenommen, erfährt bedingungslose Liebe und Geborgenheit und das (Sonnen-)Kind in Ihnen erlebt die verdrängten Gefühle eines intakten, glücklichen Kindes. Wenn wir verliebt sind, können wir Bäume ausreißen, nichts bringt uns aus dem Gleichgewicht, wir empfinden Glück, Lebensfreude, Spontaneität, plötzlich sehen wir alles durch die rosarote Brille, der Himmel hängt voller Geigen. Wir sind vollkommen mit uns selbst verbunden. Wir sehen unseren Herzensmenschen als vollkommen und perfekt an, denn auch wir sind in dieser Phase ganz und perfekt in uns.

Sind wir verliebt, schüttet unser Gehirn vermehrt Botenstoffe aus, die uns glücklich machen, weil sie unmittelbaren Einfluss auf die Gefühlswahrnehmung haben und die betroffenen Hirnareale stimulieren. Interessant dabei ist, dass diese Areale auch zum Belohnungssystem der neurologischen Struktur gehören.

Die Phase der Verliebtheit wird nicht umsonst mit einem Rausch verglichen, denn genau genommen stehen wir unter dem Einfluss der Droge Dopamin. Damit sich der Körper an diese Ausnahmesituation anpassen kann, wird das Stresshormon Adrenalin gebildet, neben einigen anderen weiteren Botenstoffen. Dieser Cocktail an chemischen Verbindungen lässt uns eine Phase der Verliebtheit zwischen zwei Wochen und zwei Jahren erleben. Genau genommen bedeutet es, dass man seinen Körper einer permanenten Stresssituation aussetzt, wenn man sich verliebt. Dieser Zustand verbraucht energetisch und körperlich viele Ressourcen und kann daher langfristig nicht durchgehalten werden.

Es kommt der Zeitpunkt, da verringert das Gehirn die Ausschüttung dieser Botenstoffe und dreht uns langsam, aber sicher den Nachschub ab.

Dies ist ein Schutzmechanismus, um unser biologisches System wieder ins Gleichgewicht zu bringen. Jetzt heißt es, die Bindung mit dem Partner zu stabilisieren. Die ersten Konflikte bahnen sich an, es passieren Enttäuschungen und damit wieder emotionale Verletzungen, welche denen ähneln, denen wir in der Kindheit ausgesetzt waren.

Situation: Sabine kommt von der Arbeit nach Hause, ist aufgebracht und wütend über ihren Chef und erzählt ihrem Freund Arno impulsiv und mit erhobener, lauter Stimme ihr Erlebnis und macht ihrer Wut Luft. Arno reagiert umso weniger, je lauter sich Sabine in Rage redet. Als so keine Reaktion von ihm erfolgt, fragt sie ihn empört: "Hörst du mir überhaupt zu?", worauf er erwidert: "Natürlich, du redest ja seit zwanzig Minuten von nichts anderem." Sabine ist getriggert und wirft ihrem Freund vor, er hätte kein Interesse an ihr und kümmere sich ja sowieso stets nur um sich selbst. Sie wird immer lauter und Arno steht kurzerhand auf und geht in die Garage, um sich der Situation zu entziehen. Sabine ist entsetzt, läuft ihm hinterher und beißt sich wie ein Terrier in seiner Wade fest, indem sie ihn – immer lauter werdend – provoziert, um eine Reaktion zu erhalten. Arno reagiert gar nicht mehr, bis er explodiert oder ganz das Haus verlässt.

Hier streiten nicht zwei erwachsene Personen miteinander, sondern die fünfjährige Sabine und der sechsjährige Arno. Sabine wurde oft von der Mutter ignoriert oder es wurde einfach über ihre Bedürfnisse hinweggegangen und sie fühlte sich als Kind nicht ernst genommen. Arnos Vater war Choleriker und hat oft geschrien und gebrüllt, Arno hat gelernt, sich nur durch Flucht aus dieser für ihn unerträglichen Situation zu entziehen. Als Kind hat er in sich die Ursache für die Wut des Vaters gesehen.

Situation: Ute ist aufgebracht, denn ihr Mann Kurt hat die Angewohnheit, häufig seine Socken liegen zu lassen und sie explodiert, als er nach der Arbeit nach Hause kommt und im Flur bereits seine Arbeitskleidung auszieht. Ute fragt ihn, ob sie nur seine Dienstmagd sei und dass sie ihm ständig hinterherräumen würde und nicht seine Mutter wäre. Kurt ist müde und erschöpft und wird von seiner "keifenden" Ehefrau in Empfang genommen und bald bleibt es nicht mehr bei den Socken oder der Arbeitskleidung auf dem Boden. Kurt wirft Ute vor, wie lang sein Tag war und dass sie ihm den Feierabend zur Hölle machen möchte und dass er es ihr sowieso nichts recht machen kann. Auch hier handelt es sich in Wirklichkeit um einen Konflikt zwischen der kleinen Ute und dem kleinen Kurt. Ute wurde oft ausgeschimpft und bestraft, wenn sie unordentlich war. Ihre Eltern legten sehr viel Wert auf Sauberkeit und Ordnung und lobten sie nur, wenn sie ihren Aufgaben im Haushalt, welche von ihr erwartet wurden, nachkam. Der kleine Kurt wurde als Kind oft von der Mutter kritisiert, die kein gutes Haar an ihm ließ. Anerkennung und Lob wurden ihm verwehrt.

Situation: Linda hatte einen Termin in einer Autowerkstatt, berichtet ihrem Freund heulend, dass man sie gnadenlos übers Ohr gehauen hätte, dass man sie unfreundlich behandelt habe und dass sie als Frau sowieso dort nicht ernst genommen würde. Ihr Freund Marco fragt sie mehr ironisch als entrüstet, was sie denn von ihm erwarten würde, ob er dort anrufen solle oder gleich vorbeifahren? Es entwickelt sich ein handfester Streit, in dem Linda Marco vorwirft, er würde sich nie für sie einsetzen und sie hätte ja nur Pech im Leben etc. Marco fühlt sich zu Unrecht kritisiert und zählt auf, was er alles für Linda regelt und sie ein Jammerlappen sei und sich nicht so anstellen solle. Linda wuchs als Kind ohne Mutter auf und bekam von ihrem Vater, der sich um sie und die drei Geschwister kümmern musste, nur vermehrt die ungeteilte Aufmerksamkeit, wenn sie hilflos und am Weinen war. Von ihr wurde früh Selbstständigkeit erwartet und das Einnehmen einer Opferrolle hat ihr oft die gewünschte Zuwendung vom Vater beschert. Marcos Mutter hingegen litt an einer chronischen Krankheit, die fast ausschließlich den Familienalltag bestimmte. Marco musste sich früh um seine Geschwister und die Mutter kümmern, die oft in Selbstmitleid versank und die Bedürfnisse der Kinder nicht wahrnahm.

Situation: Kerstin ist in einer Beziehung mit dem cholerischen und krankhaft eifersüchtigen

Stefan. Stefan kontrolliert Kerstins Handy, öffnet ihre Post, macht ihr regelmäßig eine Szene, in der er ihr Untreue vorwirft. Kerstin leidet sehr unter diesem Umstand, ist aber unfähig, sich aus dieser toxischen Beziehung zu befreien. Sie versucht, ihm alles recht zu machen, und erfüllt alle Anforderungen, die Stefan an sie stellt, weil sie ihn glücklich machen möchte. In ihrer letzten Beziehung geriet Kerstin an einen alkoholkranken Mann, auch diese Beziehung war sehr unglücklich für sie und dennoch war sie lange Zeit nicht in der Lage, sich von diesem Mann zu trennen.

Kerstins Eltern haben sich scheiden lassen, als Kerstin zwei Jahre alt war. Sie wuchs bei ihrer Mutter auf und daraufhin brach der Kontakt zum Vater ab. Das Trauma des Verlustes des Vaters sitzt tief, daher möchte sie sich nie wieder einsam und allein fühlen oder verlassen werden. Stefan wurde von seinen Eltern vernachlässigt und hat keine Wertschätzung erfahren, er wurde verbal oft misshandelt. Er wuchs schließlich bei den Großeltern auf. Er hat ein minderes Selbstbewusstsein entwickelt, fürchtet stets die Untreue seiner Partnerin, da er das Gefühl hat, nichts wert zu sein.

Situation: Marion kommt voller Begeisterung – eine halbe Stunde zu spät – nach Hause, die Freude steht ihr ins Gesicht geschrieben, denn sie hat zwei Tickets für ein Outdoor-Abenteuer gewonnen und jubelt ihrem Mann Ernst entgegen. Der allerdings ist gerade mit seinem Handy beschäftigt und raunt ihr zu, er habe noch zu arbeiten und wie wichtig der neue Auftrag sei. Marion ist enttäuscht und zieht sich traurig zurück. Marion ist mit einer Schwester aufgewachsen.

Die Aufmerksamkeit der Eltern konzentrierte sich häufig auf das Geschwisterkind, Marion fühlte sich oft ignoriert und es prägte sich in ihr der Eindruck, sie würde weniger Liebe und Anerkennung erhalten als ihre Schwester. Ernst wurde sehr pflichtbewusst erzogen und erhielt häufig Lob und Anerkennung, wenn eine Leistung erbracht wurde. Zeit zum Spielen und Freiräume hatten nicht viel Raum bzw. Priorität. Marions inneres Kind möchte sich freuen und mit ihrem Partner die Begeisterung teilen, da Ernst nicht so begeistert reagiert, wie sie es erhofft hatte, fühlt sie sich zurückgesetzt und ignoriert. Ernst jedoch möchte erst seine Pflichten erfüllen, bevor er sich selbst Freiräume zugesteht, und er ist über die Unpünktlichkeit verärgert, denn für ihn ist es ein Zeichen für Desinteresse. Sein Vater hat oft versprochen, bei Schulaufführungen oder Sportveranstaltungen anwesend zu sein und kam häufig viel zu spät und verpasste die Einsätze seines Sohnes.

Anhand der Beispiele haben Sie vielleicht nun eine Idee erhalten, wie das innere Kind jeglichen Konflikt, jede Krise, jeden potenziellen Streit in einer Beziehung maßgeblich beeinflusst. In den meisten Fällen sind es die kleinen Kinder in Ihnen und Ihrem Partner, die miteinander in Konflikt geraten. Es wird sinnbildlich geschubst, getreten, geboxt, geschimpft, das Spielzeug kaputt gemacht, bockig reagiert, sich beleidigt zurückgezogen oder dem anderen die Zunge herausgestreckt. Mit dieser Erkenntnis haben Sie bereits den ersten Fortschritt zur Besserung unternommen. Es spielt keine Rolle, ob Ihr Partner um sein inneres Kind weiß und sich dessen bewusst ist. Wenn Sie sich mit dem inneren Kind beschäftigen und es heilen, entschärfen Sie alle emotional geladenen Situationen durch Ihr Verhalten und Ihre veränderte Kommunikation. Sie haben Ihre negativen Glaubenssätze und Prägungen, die Ihnen Schmerz zufügen, erkannt und Frieden geschlossen und können aus einem geheilten Zustand die Situation ganz anders betrachten.

Anders ausgedrückt, bewerten Sie die Situation nun aus einem erwachsenen Bewusstsein heraus und ob Ihr Partner nun sein Geschirr auf dem Küchentisch hat stehen lassen oder etwas anderes gemacht hat, was Sie in der Regel sonst enttäuscht oder vor Wut hat kochen lassen, wird von Ihnen als neutrale Situation – vollkommen wertfrei – wahrgenommen und im besten Falle ganz gelassen genommen. Unsere Weltanschauung und unsere Prägungen verleihen allen Situationen erst die Würze. Das erklärt auch den Umstand, dass gleiche Situationen in verschiedenen Menschen unterschiedliche Reaktionen hervorrufen. Die ungeputzten Schuhe des Mannes können bei der ersten Ehefrau beim Sonntagsbrunch Scham und Beschimpfungen hervorrufen, der zweiten Ehefrau ist es jedoch vollkommen egal, ihr fällt es noch nicht einmal auf.

Haben Sie die Perspektive gewechselt, können Sie Ihre Wünsche und Hoffnungen ganz klar und direkt formulieren. Hätte Sabine im ersten Beispiel gemerkt, wie sie sich in Rage redet, hätte Sie Arno vorausschicken können: "Entschuldige, dass ich jetzt so aufgebracht bin, aber ich muss erst mal ein wenig Wut ablassen, bis ich mich beruhigen kann. Es hat nichts mit dir zu tun! Es wäre schön, wenn du mir einfach zuhörst und mir sagst, was du in meiner Situation gemacht hättest." Arno hätte sich nicht schuldig gefühlt und wäre nicht geflüchtet, die Situation wäre entschärft.

Im zweiten Beispiel hätte Ute z. B. sagen können: "Weißt du, Kurt, ich weiß, du hattest einen langen Tag und freust dich auf die Dusche. Es ist aber nicht meine Aufgabe, deine Sachen wegzuräumen. Du würdest mir sehr helfen, wenn du sie selbst in die Wäschetruhe legen würdest." Mit einem Augenzwinkern hätte sie noch anfügen können: "Und wenn ich zukünftig noch ein Paar Socken von dir unter dem Sofa finde, wandern sie in den Müll." Manchmal transportiert auch eine humorvolle oder sarkastische Bemerkung eine wichtige Botschaft. Ute hat ihren Mann Anerkennung entgegengebracht und gleichzeitig ihre Wünsche offen formuliert.

In unserem dritten Beispiel könnte Linda formulieren, wie hilflos und überfahren sie sich in dieser Situation gefühlt hat und wie schön es gewesen wäre, wenn Marco dabei gewesen wäre, denn er könne viel besser verhandeln und kenne sich in der Branche aus. Er hätte mit Sicherheit geantwortet, sie zukünftig bei derartigen Terminen zu begleiten.

Im nächsten Beispiel hat Kerstin erkannt, dass ihr inneres Kind den Verlust des Vaters nicht verkraftet hat und Panik empfindet, wenn es darum geht, allein zu sein. Sie bleibt daher in ungesunden Beziehungen bzw. setzt sich Abhängigkeiten aus. Indem sie ihr persönliches Trauma heilt, findet sie das Selbstbewusstsein und Vertrauen, um die Beziehung zu beenden und die Erkenntnis, "die

Leere" des nicht vorhandenen Partners durch andere, positive Dinge zu ersetzen.

Im letzten Beispiel hätte eine einfache Entschuldigung für die Verspätung direkt dazu geführt, dass Ernst gesagt hätte: "Ja super! Ich freue mich schon darauf! Ich muss mich noch um diesen Auftrag kümmern, aber wenn ich fertig bin, können wir unseren Ausflug planen, einverstanden?" Wenn Marion zusätzlich ihrer Hoffnung Ausdruck verliehen hätte, Ernst möge sich auch so sehr freuen wie sie selbst, wären beide Parteien in dieser Situation durch den Kompromiss zufriedengestellt gewesen.

Der Wechsel Ihrer Perspektive erfordert ein wenig Übung und Aufmerksamkeit und wird vielleicht auf Anhieb nicht gleich gelingen. Es kann auch sein, dass Sie – obwohl Sie mit Ihrem inneren Kind arbeiten – trotzdem wieder in alte Verhaltens- und Kommunikationsmuster verfallen. Haben Sie Geduld mit sich. Es ist noch kein Meister vom Himmel gefallen und manche Prägungen von damals sitzen tiefer als andere. Es wird Lebensthemen geben, die Sie sehr leicht in den Griff bekommen, während Ihnen andere als unbezwingbar erscheinen, manche lassen sich nie vollkommen entmachten. Schritt für Schritt werden Sie gelassener und entspannter werden und merken, dass sich ein viel tieferes Verständnis füreinander entwickelt, Ihre Beziehung eine deutliche Besserung erfährt und Sie langfristig mit einer glücklichen und erfüllten Bindung belohnt werden. Und im Endeffekt geht es Ihnen einfach besser, weil Sie sich erlauben, so zu sein, wie Sie sind, und die Dinge beim Namen nennen. Sie haben Ihre Emotionen besser im Griff, sind nicht mehr Opfer unbewusst ablaufender Programme und können proaktiv eingreifen, wenn ein Konflikt droht, aus dem Ruder zu laufen.

DAS INNERE KIND AM ARBEITS-PLATZ

Zur Erinnerung: Ihr inneres Kind begleitet Sie überallhin, denn es ist Teil Ihrer Persönlichkeit. Dass es sich am Arbeitsplatz bemerkbar macht, ist recht wahrscheinlich, denn wir leben in einer

Gesellschaft, die sich über Leistung und Status definiert. Wir haben sehr früh gelernt, zu funktionieren, etwas zu erreichen, unsere Wünsche zu verleugnen, anstatt sich mit Dingen zu beschäftigen, die uns Freude bereiten (aber vielleicht nicht das Lebenseinkommen sichern). Wir haben in unserer Gesellschaft erlernt, die Ellbogen auszufahren, uns zu behaupten, nach Regeln zu spielen, die nicht unsere sind. Wir passen uns an, da wir glauben, am Ende der Nahrungskette zu sein. Sehr früh haben wir erfahren, wie Repressalien, Strafe und Restriktionen folgen, wenn wir nicht "mitspielen". Wir akzeptieren vielleicht täglich Hierarchien, die uns nicht wertschätzen, und verbringen Lebenszeit mit vielen virtuellen Dingen, die wir nicht greifen können und unmittelbar kein positives Ergebnis erfahren.

Es lohnt sich, sehr genau hinzuschauen, was sich Ihr inneres Kind von Ihrem Arbeitsplatz wünscht und ob diese Bedürfnisse größtenteils erfüllt werden. Ist dies nicht der Fall, sollten Sie mit der Heilung Ihres inneren Kindes zügig beginnen! Ich erzähle Ihnen sicherlich nichts Neues, wenn ich darauf aufmerksam mache, dass langfristig viele Krankheiten ihren Ursprung in einem ungesunden und unglücklichem Arbeitsverhältnis haben.

Folgende Verhaltensweisen am Arbeitsplatz können auf einen Konflikt Ihres Schattenkindes hinweisen:

- Sie können nicht nein sagen, fühlen sich häufig überfordert, weil Sie sich mehr Arbeit aufhalsen, als Sie zeitlich oder personell bedingt erledigen können.
- Sie möchten alles selbst erledigen und tun sich schwer, um Hilfe zu bitten, weil Sie es als Versagen interpretieren, wenn Sie Unterstützung anfordern.
- Sie hören nicht auf die Signale Ihres Körpers, gehen vielleicht sogar krank zur Arbeit, weil sie fürchten, Kollegen im Stich zu lassen oder man könne Ihre Abwesenheit mit Schwäche gleichsetzen bzw. Sie insgeheim als Simulant betiteln.

- Sie akzeptieren Bedingungen am Arbeitsplatz, die Ihnen innerlich widerstreben, aus Angst, den Job zu verlieren.

- Sie versuchen immer, bessere Ergebnisse als die Kollegen zu liefern, nach dem Motto höher, schneller, weiter, bis zur Selbstaufgabe und geistigen und physischen Erschöpfung.

- Sie wechseln häufig Ihre Arbeitsstellen, fühlen sich als Opfer stets wiederkehrender Umstände.

- Sie erkennen Autoritäten nicht an und rebellieren offen oder versteckt gegen Ihnen höher gestellte Personen.

- Sie haben als Vorgesetzte/r keinerlei Empathie für Ihre Mitarbeiter.

- Es ist immer derselbe Kollege/dieselbe Kollegin, den/die Sie am liebsten mit einer Laserwaffe vaporisieren möchten, weil er/sie ... (hier dürfen Sie selbst gern ergänzen, was Sie aufregt :-)).

- Auf Kritik reagieren Sie unverhältnismäßig sensibel oder mit Abwehr.

Bitte machen Sie sich auch hier bewusst, dass das innere Kind auch in Ihren Kollegen und Vorgesetzten zum Wirken kommt. Im Prinzip kommen hier dieselben unbewussten Verhaltensmuster zum Tragen wie in allen zwischenmenschlichen Beziehungen und können so zur Belastung am Arbeitsplatz führen, wenn wir uns z. B. unangemessen verhalten, weil wir uns unfair behandelt fühlen oder mit Kritik nicht umgehen können. Vielleicht ist Ihr Chef ein Choleriker und reagiert äußerst impulsiv, was dazu führt, dass Sie sich regelmäßig in der Werkhalle anschreien? Unter Umständen ignorieren Sie vielleicht Anweisungen "von oben" und/oder machen genau das Gegenteil? Versuchen Sie, andere Kollegen auf Ihre Seite zu ziehen, wenn ein Konflikt vorliegt? Gehen Sie gleich in Angriffsstellung, wenn man Ihnen einen nett gemeinten Hinweis zur Verbesserung Ihrer Arbeit erteilt?

Wenn Sie beginnen, Ihr inneres Kind zu heilen, werden Sie auf Dauer ein besseres Klima an Ihrer Arbeitsstelle schaffen, besser mit Ihren Kollegen auskommen und Ihre Grenzen kennen und hoffentlich den Mut haben, diese auch zu formulieren. Finden Sie heraus, warum Sie stets mit einem flauen Gefühl in der Magengrube das Büro des Chefs betreten oder Montagmorgen zur Arbeit fahren. Lösen Sie diese negativen Denkmuster und legen Sie damit einen wichtigen Grundstein für ein gesünderes und zufriedenes Berufsleben.

DAS INNERE KIND IM SOZIALEN UMFELD

Da sich die Manifestierung des kindlichen Schmerzes auf Verletzungen der Vergangenheit und Ihren erlernten Umgang damit in alle Bereiche des Lebens, in denen wir mit anderen Menschen oder Umständen in Beziehung treten, übertragen lässt, können Sie die Methode auch auf Freundschaften, gesellschaftlichen Status, Familie und soziale Strukturen anwenden. Nicht immer treten die Konflikte so offen zutage wie in Beziehungen und manchmal sind Ihre emotionalen Reaktionen sogar eine Überraschung. So kann es z. B. passieren, dass Sie von einer völlig fremden

Person auf der Straße oder im Supermarkt verbal angefahren werden und Sie sich darüber innerlich so aufregen, dass es Sie noch Stunden danach beschäftigt oder Sie noch Tage später Ihrem Freundeskreis davon berichten. Des Weiteren können soziale, politische oder wirtschaftliche Veränderungen eintreten, die Ihr inneres Kind ansprechen und Sie stark emotional darauf reagieren. Es ist immer ein Ausdruck, wie Sie sich wünschen, dass Ihr Umfeld Sie wahrnehmen sollte, wie Sie Ihre Außenwelt wahrnehmen und welches Grundbedürfnis dahintersteckt. Bleiben Sie offen für die Wege, die Ihr inneres Kind wählt, um sich bemerkbar zu machen.

DAS UNGLÜCKLICHE KIND UND KRANKHEITEN

Wir streben alle nach Wohlbefinden und Wellness. Werden Bedürfnisse über einen längeren Zeitraum nicht befriedigt, verleugnet und setzen wir uns permanent Konflikten aus, die unsere Psyche belasten, entstehen Krankheiten, die

Ausdruck einer leidenden Seele oder eines leidenden Körpers sind. Neurosen, Tinnitus, Reizdarm, Schmerzerkrankungen, Schwindel, Essstörungen, Depressionen, Burn-out, die Liste ist lang. Um es gar nicht erst so weit kommen zu lassen, sollten wir lernen, den Fokus auf uns selbst zu lenken, unsere innerpsychischen Prozesse verstehen lernen und Schadensbegrenzung betreiben. Da wir alle ein Schattenkind in uns haben, sollten wir versuchen, die Wunden der Vergangenheit zu heilen. Die Arbeit mit dem inneren Kind ist eine der wichtigsten Methoden, um sich selbst zu verstehen und Heilung zu finden. Ihre Psyche sendet Ihnen Signale durch Ihren Körper und wenn Sie diese nicht wahrnehmen, manifestieren sich im schlimmsten Falle Krankheiten. Anders ausgedrückt: Ihr inneres Kind kann krank sein und Ihnen auf der körperlichen Ebene einen Hinweis dazu geben.

Je schwerwiegender eine Verletzung ist, welche Sie als Kind erleiden und wie Sie damit umgehen, hängt sehr von Ihrer individuellen Persönlichkeitsstruktur ab. Ist die psychische Erschütterung sehr stark, spricht man von einem Trauma.

Wurden die eingangs erwähnten Grundbedürfnisse, die Sie als Kind hatten, nicht erfüllt, Sie z. B. stark vernachlässigt wurden, Sie körperlichen oder verbalen Missbrauch oder Gewalt erfahren haben, Sie überhaupt keine Liebe gespürt haben, empfiehlt es sich in jedem Falle, die Hilfe eines ausgebildeten Therapeuten zu suchen oder mit einem Persönlichkeitscoach zu arbeiten.

KRANKHEITEN UND PRÄNATALE PROGRAMMIERUNG

Nicht nur die ersten Lebensjahre eines Kindes sind maßgeblich für die innerpsychischen Prozesse und die damit verbundene Verhaltens- und Konfliktfähigkeit in der späteren Entwicklung entscheidend. Zahlreiche Studien untersuchen die sogenannte "Fetale Programmierung", also den Zusammenhang zwischen mütterlichem Stress während der Schwangerschaft und die Entwicklung des ungeborenen Kindes.

In den 80er-Jahren legte der britische Epidemiologe David Barker mit seinen Beobachtungen die Grundlage für die heutigen Forschungen zu Fetal Programming. Er bezog sich dabei auf die erste in Wissenschaftskreisen veröffentliche Studie über niederländische Mütter, die während des Winters 1944/45 schwanger waren. Die deutsche Blockade während des Zweiten Weltkrieges führte zu einer Nahrungsmittelknappheit und war Auslöser des "Niederländischen Hungerwinters". Schwangere Frauen waren in verschiedenen Phasen der Schwangerschaft einer ausgeprägten Unterernährung und Mineralstoffmangel ausgesetzt. Die "Dutch Famine Birth Chort" Studie befasste sich mit den Auswirkungen auf die während oder kurz nach der Hungersnot geborenen Kinder. Die Kinder verfügten über ein häufig geringeres Geburtsgewicht und erkrankten später häufiger an Diabetes, Übergewicht und Herzkreislauferkrankungen.

Eine kürzlich veröffentlichte Studie der kanadischen McGill Universität untersuchte unter dem Projektnamen "Ice Storm" den Zusammenhang zwischen der fetalen Programmierung und kognitiven und sprachlichen Fähigkeiten des Kindes. Es wurden 150 Kinder beobachtet, deren Mütter 1998 einem 40-tägigen Stromausfall während eines Eissturmes ausgesetzt waren. Hier konnte eindeutig ein Zusammenhang zwischen mütterlichem Stress und kindlichem Temperament (Hyperaktivität), Aufmerksamkeitsstörungen, motorischen und sprachlichen Entwicklungsdefiziten nachgewiesen werden.

Stimmung, Existenzängste, Sorgen, Stress mit dem Partner, ungesunde Lebensweise während einer Schwangerschaft haben einen großen Einfluss auf die neuronale Entwicklung des Fötus und schicken Anlagen auf die psychische und physische Gesundheit des Kindes in die Zukunft, verantwortlich durch die Ausschüttung von Stresshormonen wie z. B. Cortisol oder durch hormonelle Schwankungen. Veränderte Schilddrüsenhormone einer Frau während des ersten drei Schwangerschaftsmonate z. B. beeinflussen die Gehirnentwicklung des Babys so enorm, dass ein Unterangebot mit einem erhöhten Risiko einhergeht, an ADHS oder Autismus zu erkranken.

Wissenschaftler vermuten, dass auf epigenetischer Ebene bereits im Mutterleib die Weichen für spätere Gesundheit oder Krankheit gelegt werden. Epigenetik erforscht den Zusammenhang von Umweltfaktoren auf die Genetik. Gut erforscht ist bereits der Einfluss einer möglichst natürlichen Geburt auf die Gesundheit des Säuglings: Babys, die durch Kaiserschnitt zur Welt kommen, leiden häufiger an Allergien oder Asthma. Alkoholkonsum während der Schwangerschaft hat gezeigt, dass die Wirkung im Gehirn des Ungeborenen eine Verhaltensstörung verursachen kann und das Kind später selbst mehr Alkohol konsumiert. Eine Vielzahl an Faktoren könnten einen pränatalen Einfluss nehmen, Medikamente, Nahrungsergänzungsmittel, künstliche Süßstoffe etc.

Wenn Sie zu den Menschen gehören, die von sich sagen, eine absolut glückliche Kindheit gehabt zu haben und man Ihnen mit Liebe und Akzeptanz begegnete, sich dennoch einige für Sie vielleicht unerklärliche emotionale Blockaden oder chronische Krankheiten ohne klare Ursache herausstellen und Sie sich keinen Reim darauf machen können, dann lohnt es sich, einmal zu fragen, wie sich Ihre Mutter während und zu Beginn der Schwangerschaft fühlte. Vielleicht finden Sie hier einen Hinweis!

Das glückliche
Kind stärken

Die positiven Gefühle und Stimmungen, die in Ihnen wohnten, als Sie klein waren, können Sie sich aktuell in Ihrem Leben zunutze machen und mit etwas Übung in Ihr Bewusstsein zurückholen. Klingt gut, oder? Langfristig beugen Sie Krankheiten vor (denn eine positive Haltung stärkt das Immunsystem), stärken Ihr Selbstbewusstsein, finden Zugang zu Ihrer

Intuition, fühlen Glück und Lebensfreude. Kurzum, es geht darum, Spaß zu haben!

Als glückliches Kind befinden wir uns im Urvertrauen und sind:

- unbeschwert
- verspielt
- kreativ
- neugierig
- frech
- spontan, impulsiv
- fröhlich
- begeistert
- voller Freude
- ganz im Hier und Jetzt.

Um diese Gefühle wieder aufleben zu lassen, bedarf es nicht viel, außer dass Sie es sich erlauben und es zulassen. Sie mögen sich anfänglich doof vorkommen, aber auch feststellen, wie gut es sich anfühlt, wenn Sie einmal damit beginnen. Letztendlich tun Sie sich selbst etwas Gutes und nur darum geht es. Jedes Coaching, jeder Lebensratgeber, jedes Seminar zur Persönlichkeitsentwicklung, jede spirituelle Lehre will Ihnen genau das vermitteln! Lassen Sie Wohlbefinden zu, erfüllen Sie Ihre Bedürfnisse, nehmen Sie sich Zeit für sich, kümmern Sie sich um sich! Im nächsten Kapitel erfahren Sie weitere Methoden, um mit Ihrem inneren Kind in Kontakt zu treten. Für Ihr glückliches Kind sollten Sie sich regelmäßig Zeit nehmen.

So finden Sie Zugang zu Ihrem glücklichen Kind:
1. Werden Sie kreativ! Lernen Sie ein Handwerk oder fangen Sie an zu malen, backen Sie ein Brot, stellen Sie die Möbel in Ihrer Wohnung um, dekorieren Sie die Räume neu, organisieren Sie Ihren Kleiderschrank neu, machen Sie Gartenarbeit, planen Sie eine Party, starten Sie Modellbau, richten Sie sich eine Werkstatt ein etc. Machen Sie etwas mit Ihren Händen, formen Sie etwas, gestalten Sie etwas, lassen Sie Ihrer Fantasie freien Lauf!
2. Fördern Sie Ihren Spieltrieb! (Und ja, liebe Frauen, seid nicht so streng, wenn sich euer

Partner mit seinen Freunden daheim das Fußball-spiel ansieht und gejubelt, geschrien und gelitten wird! Auch das ist der Spieltrieb. Gönnt es ihnen!) Organisieren Sie Spieleabende mit Freunden oder zu zweit, puzzeln Sie, lösen Sie Rätsel, nehmen Sie im städtischen Freibad die Rutsche, machen Sie Escape-Room-Spiele, finden Sie den Mörder in Kriminalrätseln, holen Sie die alte Märklin-Eisen-bahn aus dem Keller, hören Sie ein Hörbuch und folgen gespannt dem Geschehen. Besuchen Sie ei-nen Freizeitpark. Fahren Sie Achterbahn! (Sollte Ihnen das nicht möglich sein, so schauen Sie sich im Internet Filme über die höchsten und steilsten Achterbahnen der Welt an, die Videoperspektive erlaubt es Ihnen, im ersten Wagen ganz vorn da-bei zu sein! Das gilt auch für alle anderen Attrak-tionen).

3. Seien Sie unbeschwert! Tanzen Sie in einen Kochlöffel singend zu Ihrem Lieblingslied durch die Wohnung, ziehen Sie sich bunt an (Sie müssen nicht als Paradiesvogel durch die Innenstadt ge-hen), singen Sie lauthals unter der Dusche, neh-men Sie sich eine Auszeit für Ihre

Lieblingsbeschäftigung, bei der Sie die Zeit ganz vergessen, schauen Sie einen ganzen Tag lang lustige Komödien und lachen Sie, bis Ihnen der Bauch wehtut. Planen Sie einen Abend mit dem Partner oder eine Fete, bei der sich alle Gäste verkleiden müssen. Hängen Sie sich eine Hängematte auf den Balkon. Schaffen Sie ein Trampolin für Erwachsene an. Lassen Sie Farbe in Ihr Leben! Farben haben einen Einfluss auf unsere Stimmung, es darf also gern in Ihren vier Wänden oder bei der Kleiderwahl experimentiert werden. Dies ist eine der schwersten Übungen, da wir verlernt haben, ohne Sorgen, Nöte und Gedanken an morgen Momente zu erleben.

4. Handeln Sie impulsiv, aus einer Laune heraus. Wann haben Sie sich das letzte Mal auf dem Weg nach Hause am Kiosk ein Eis am Stiel geholt? Es kann auch eine Leck-Muschel oder ein Ketchup-Brötchen sein! Kaufen Sie sich etwas Schönes, auch wenn es nicht nötig und vielleicht auch nicht im Budget eingeplant ist, weil es Ihnen Freude bereitet! Gehen Sie barfuß im Regen spazieren oder springen Sie mit Gummistiefeln in alle Pfützen.

Machen Sie sich schmutzig. Planen Sie einen spontanen Ausflug.

5. Füttern Sie Ihre Neugier. Was hat Sie schon immer interessiert? Machen Sie etwas oder lernen Sie etwas vollkommen Neues. Probieren Sie etwas aus. Gehen Sie in ein Museum und lernen Sie die Vergangenheit kennen. Lesen Sie Bücher oder Zeitschriften. Studien belegen, dass neugierige Menschen selbstbewusster sind und erfolgreicher im Berufsleben sind sowie auch häufiger mit Freude zur Arbeit gehen. Neugier hat eine positive Wirkung auf Ihre Gedächtnisleistung, weil entsprechende Bereiche im Gehirn stimuliert werden. Suchen Sie Kontakt zu fremden Menschen, sehen Sie, was passiert. Probieren Sie das neue, ostmongolische Restaurant aus. Entdecken Sie neue Orte und Menschen, reisen Sie oder entdecken Sie neue Ausflugsziele. (Sollten Reisen im Moment nicht möglich sein, schauen Sie im Internet Filme über Orte, die Sie gern besuchen möchten. Lernen Sie andere Kulturen und ferne Länder kennen).

6. Erfüllen Sie sich einen Traum! Haben Sie als Kind davon geträumt, Ballett zu tanzen, oder wollten Sie ein Baumhaus haben? Melden Sie sich für einen Kurs "Ballett für Erwachsene" an. Es spielt keine Rolle, wie alt Sie sind oder welche körperlichen Voraussetzungen Sie haben. Es fördert Ihre Koordination und Beweglichkeit und ja, ich selbst habe schon zwei dieser Kurse besucht. Haben Sie die Möglichkeiten, sich selbst ein Baumhaus zu bauen? Vielleicht nur eine Miniatur-Variante für Vögel? Durften Sie als Kind ein Haustier besitzen? Gibt es die Möglichkeit, dass Sie diesem Wunsch heute nachkommen können? Tiere haben einen positiven Einfluss auf unser Wohlbefinden. Finden Sie die kleinen und großen Träume heraus und notieren Sie sich diese.

7. Wann haben Sie das letzte Mal einer anderen Person einen Streich gespielt und sich darüber köstlich amüsiert? Basteln Sie z. B. hässliche Kastanienfiguren und verschenken diese an Freunde und Kollegen und ergötzen sich an deren Reaktion. Kaufen Sie einen Scherzartikel und bringen Sie diesen zum Einsatz!

Die Möglichkeiten sind hier unbegrenzt und Sie dürfen jetzt ergänzen und herausfinden, was Ihnen im Speziellen Glücksgefühle beschert. Im Prinzip geht es darum, vollkommen im Kontakt mit sich selbst zu sein, sich spielerisch zu akzeptieren und dem kleinen Kind in uns zu erlauben, Raum einzunehmen. Sie können z. B. jede Woche eine oder zwei Stunden Zeit einplanen, um sich mit Ihrem Sonnenkind zu beschäftigen.

Mit dem inneren Kind in Kontakt treten

Der erste Schritt, um eine Heilung Ihres eigenen inneren Kindes herbeizuführen, ist die Kontaktaufnahme. Da die Emotionen des Sonnenkindes mehr oder weniger Allgemeingültigkeit haben, ist der Kontakt mit dem Schattenkind sehr individuell, da Ihre negativen Verhaltensmuster von Ihren ganz persönlichen Erfahrungen abhängen.

Damit Ihnen dies leichter fällt, empfehle ich Ihnen, Fotos aus Ihrer frühen Kindheit zur Hilfe zu nehmen oder, falls vorhanden, sich alte Dias oder Filme anzusehen. Sollte es sogar Audio-Aufnahmen aus dieser Zeit geben und Sie noch einen Kassettenrekorder besitzen, hören Sie sich die alten Aufnahmen an.

FOTO-ÜBUNG

Sehen Sie sich Ihre Fotos an und welchen Gesichtsausdruck Sie in dem eingefangenen Moment hatten. Erinnern Sie sich vielleicht noch daran, bei welcher Gelegenheit das Foto entstanden ist? Schauen Sie ängstlich, besorgt oder wütend, haben Sie vielleicht geweint? Sprechen Sie in der Position eines liebevollen Erwachsenen mit dem kleinen Kind auf dem Foto. Fragen Sie es, was es fühlt, warum es traurig oder ängstlich ist. Fragen Sie es, was es in diesem Moment braucht, wie man ihm helfen kann. Sagen Sie ihm, dass es sicher und gut aufgehoben ist, dass es wunderschön ist und dass Sie es lieben. Welchen Wunsch auch immer Sie in diesem Moment haben, was Sie Ihrem inneren Kind mitteilen möchten, tun Sie es.

TÄGLICHE GESPRÄCHE MIT IHRER/M KLEINEN ICH

Fragen Sie das Kind in Ihnen täglich, wie es ihm geht und was es gerade braucht. Wenn Sie z. B. nach dem Aufstehen in den Spiegel schauen und regelmäßig das kleine Kind in Ihnen ansprechen, werden Sie mit etwas Übung bald interessante Antworten erhalten. Sie können auch ein gerahmtes Foto von sich, welches einen festen Platz innehat, betrachten und jeden Morgen in einem immer wiederkehrenden Ritual befragen. Vielleicht sagt der kleine Knirps in Ihnen, dass er heute spielen möchte, oder die kleine Diva will etwas besonders Schönes und Buntes haben. Das kleine Ich möchte vielleicht zu Tante Inge fahren oder Zeit mit dem Vater verbringen. Oder es sagt kurzerhand: Lass mich in Ruhe! Hier ist jetzt Ihre Interpretationsfähigkeit gefragt und Kreativität, wie Sie dem Wunsch – wenn auch nur ansatzweise oder stellvertretend – nachkommen können. Es könnte so aussehen, dass Sie vielleicht etwas früher Feierabend machen, sich Ihrem Hobby widmen, sich etwas Schönes gönnen, mit einem Angehörigen telefonieren oder unangemeldet bei Ihren Eltern vorbeischauen, um gemeinsam etwas Zeit zu verbringen.

Sollten Ihre Angehörigen unglücklicherweise nicht mehr leben, zählt auch der Besuch der letzten Ruhestätte. Vielleicht bringen Sie eine schöne Pflanze oder einen anderen Gegenstand mit und führen liebevolle Gespräche mit den Verstorbenen. Möchte Ihr inneres Kind in Ruhe gelassen werden, ist es ratsam, dem nachzukommen und wichtige Termine oder Besorgungen auf einen anderen Tag zu legen, falls möglich. Sie werden feststellen, dass diese Übung mit der Zeit sehr heilsam ist, denn Sie lernen Achtsamkeit im Umgang mit sich selbst und Ihren Bedürfnissen.

BRIEFE AN IHR INNERES KIND

Sollte Ihnen die verbale Kommunikation schwerfallen, bietet sich an, Briefe an Ihr inneres Kind zu schreiben. Mit der Zeit kann daraus ein Briefwechsel entstehen, denn Ihr Kind wird Ihnen antworten. Da die Botschaften niedergeschrieben sind, können Sie als Hilfsmittel zur Heilung dienen, wenn Sie sich nicht ganz sicher sind, welche negative Erfahrung hinter welcher Seelennarbe steckt. Sie können allgemein beginnen oder Fragen stellen. So könnten Sie z. B. fragen, wann das innere Kind traurig war und ob es Ihnen eine Situation schildern kann. Mein inneres Kind antwortete mir einmal: Erinnerst du dich noch, als ich eine Höhle im Flurschrank gebaut habe? Es war so richtig gemütlich und kuschelig, ich hatte eine Taschenlampe und sogar das alte kleine Radio von Papa. Ich fands so wohlig, dass ich dieses Gefühl gern geteilt hätte, denn ich war ja allein. Ich habe Mama gefragt, ob sie zu mir in die Höhle kommt, aber sie sagte nur sehr erwachsen und geschäftig, dass sie keine Zeit habe, denn sie müsse das

Mittagessen vorbereiten. Das hat mich schlagartig tieftraurig gemacht, dass sie dieses schöne Gefühl nicht auch erfahren kann, und ich habe dann sofort die Höhle verlassen und abgebaut. Da ich beim Schreiben merke, wie Tränen in mir aufsteigen, möchte ich Sie darauf vorbereiten, dass bei der Arbeit mit dem inneren Kind starke Emotionen hochkommen können und Sie bitte darauf vorbereitet sind, wenn hier und da Tränen fließen.

LEGEN SIE SICH EIN NOTIZBUCH AN

Hier sollten Sie die Seiten oder Kapitel zwischen dem lachenden Sonnen- und dem weinenden Schattenkind trennen. Kleben Sie Bilder von sich hinein, auf denen Sie lachen und auf denen Sie verdrießlich dreinblicken. Alles, was während der Arbeit mit dem inneren Kind in Ihnen an Gedanken, Gefühlen oder Bildern aufsteigt, sollten Sie in diesem Buch notieren.

Um dem glücklichen Kind auf die Spur zu kommen, können Sie folgende Dinge notieren:

Erinnern Sie sich noch, was Sie als Kind am liebsten gespielt haben? Mit wem haben Sie im Hof gespielt und wer hat welche Funktion eingenommen? Waren Sie mehr der Räuber oder Gendarm? Womit haben Sie die meiste Zeit verbracht? Was war Ihr Lieblingsspielzeug? Worüber haben Sie am lautesten gelacht? Welche Eigenschaften mochten Sie an Ihrem Bruder/an Ihrer Schwester besonders? Wem haben Sie ein Geheimnis anvertraut?

Alles, was Sie als Kind glücklich gemacht hat, können Sie hier notieren. Schreiben Sie ein glückliches Ereignis auf und was Sie damals so großartig fanden: Der Sommerurlaub auf dem Bauernhof war großartig! Wir Kinder konnten den ganzen Tag spielen und uns auf dem Gelände frei bewegen, Mama und Papa haben ...

Versetzen Sie sich z. B. gedanklich an Ihren Kindergeburtstag. In der Regel erfahren wir als Kinder an unseren Geburtstagen besondere Aufmerksamkeit, sind kleine Könige/innen für einen Tag, bekommen großartige Geschenke, dürfen Freunde einladen, besondere Spiele spielen und freuen uns schon Wochen im Voraus auf diesen Tag. Schreiben Sie auf, was diesen Tag so besonders gemacht hat. Wie haben Sie sich gefühlt? Wie würde für Sie als Erwachsener der perfekte Tag aussehen, damit Sie sich wieder so fühlen? Um dem unglücklichen Kind auf die Spur zu kommen, können Sie folgende Dinge notieren:

Schreiben Sie Situationen oder Begebenheiten auf, bei denen Sie besonders wütend, traurig, enttäuscht oder verletzt waren. Gab es etwas, was Sie furchtbar erschrocken hat? Beispiel: Als Mama und Papa mit meinem Bruder da oder dorthin gefahren sind, durfte ich nicht mit, ich musste zu Hause bleiben. Es kann bereits Heilung beginnen, indem Sie als erwachsene Person heute die Botschaft des kleinen Kindes dahinter identifizieren und aufschreiben: "Du gehörst nicht dazu." Wandeln Sie es um, indem Sie sich an das kleine Kind wenden: "Du gehörst dazu. Du durftest nicht mit, weil Tante Inge einen neuen Hund aus dem Tierheim geholt hatte und dieser sehr aggressiv war. Mama und Papa waren besorgt und dachten sich, es sei keine sichere Umgebung für ein Kleinkind. Du bist nicht allein, ich bin bei dir."

Sie können z. B. auch folgende Sätze beginnen und diese selbst ergänzen:

- Mein inneres Kind mag Ehrlichkeit. Immer ehrlich zu mir war ...
- Mein inneres Kind mag authentisch sein. Wann habe ich mich verstellt oder geflunkert?
- Mein inneres Kind mag nicht gehorchen. Wann musste ich immer gehorchen?
- Mein inneres Kind mag keine Bestrafung. Wann wurde ich wie bestraft?
- Mein inneres Kind mag nicht allein sein. Wann fühlte ich mich allein und einsam?
- Mein inneres Kind mag akzeptiert werden. Wer hat mich nie gemocht?
- Wann war Mama böse auf mich?
- Wann war Papa böse auf mich?
- Was war sehr gemein von meinem Bruder/meiner Schwester?

ARBEIT MIT SYMBOLEN

Um in einen Dialog mit Ihrem inneren Kind zu treten, können Sie eine alte Puppe zur Hand nehmen, die symbolhaft für den kindlichen Teil in Ihnen steht. Es funktioniert auch mit zwei Stühlen, die sich gegenüberstehen. Ein Stuhl steht dabei für Ihr inneres Kind, der andere für Sie als erwachsene Person. Wenn Sie nun anfangen, mit Ihrem inneren Kind Kontakt aufzunehmen und gemeinsam über negative Emotionen und deren Ursache zu sprechen, können Sie, je nachdem für welchen Teil Sie gerade sprechen, den entsprechenden Platz einnehmen oder die Puppe in die Hand nehmen. Schließen Sie jede dieser "Treffen" mit formulierter Liebe für das kleine Kind in Ihnen ab und verabschieden Sie sich von alten, nicht mehr gültigen Glaubenssätzen, indem Sie sie z. B. vorher notieren und in einen Behälter werfen, später verbrennen oder auf die Abschussliste in Ihrem persönlichen Notizbuch setzen.

Das innere Kind heilen

Heilung kann beginnen, indem Sie sich von alten Glaubenssätzen und Über-zeugungen sowie Reaktionsmustern verabschieden und diese entmachten.

1. Diese müssen zuerst erkannt und identifiziert werden.

2. Nehmen Sie eine zweigeteilte Perspektive ein. Sie sind Erwachsener und Kleinkind zugleich.

3. Indem Sie aus der Perspektive eines Erwachsenen, dem weitaus mehr Informationen zur Verfügung stehen, die Situation von allen Seiten beleuchten und betrachten, können Sie die Situation auflösen, indem Sie dem kleinen Kind mitteilen, dass das, was es erlebt hat, oft nicht die Wahrheit war bzw. nur die halbe Wahrheit war.

4. Sie erkennen als Erwachsener die Ursache hinter der Verletzung und den Wunsch nach Akzeptanz und können Ihrem Kind das geben, was es braucht, stellvertretend für die Eltern. Sie zeigen Ihrem inneren Kind, dass es nicht allein ist, dass Sie sich um es kümmern und dass alles in Ihnen vorhanden ist, was es benötigt, um glücklich zu sein.

5. Leisten Sie Vergebungsarbeit! Vergeben Sie den Menschen, die Ihnen unangenehme Gefühle verursacht haben. Sie befreien sich somit aus der Opferrolle und hören auf, nachtragend zu sein. Die Situation an sich kann nicht rückgängig gemacht werden, aber Sie werden mit den Folgen viel besser umzugehen lernen.

Ob Sie lieber Begrifflichkeiten wie die "Integration des Schatten-Ichs" oder "Blockaden-Lösung" anstelle der "Heilung des inneren Kindes" bevorzugen, bleibt Ihnen überlassen, gemeint ist immer dasselbe zugrundeliegende Prinzip. Ich möchte Ihnen nun noch Wege vorstellen, wie Sie Ihr inneres Kind heilen können. Bereits im vorigen Kapitel zur Kontaktaufnahme haben Sie schon Wege kennengelernt, um Konflikte und negative Erfahrungen aus der Kindheit zu erkennen und die daraus resultierenden negativen Emotionen zu identifizieren. Da die Übergänge in der Arbeit fließend sind, kann bereits bei der Kontaktaufnahme mit dem inneren Kind und der Anwendung der beschriebenen Methoden eine heilende Wirkung einsetzen.

POSITIVE UMFORMULIERUNG

Machen Sie eine Liste mit negativen Glaubenssätzen und formulieren Sie diese in positive Art und Weise um.

Beispiele:

- Ich bin hässlich. Ich entspreche vielleicht nicht dem gängigen Schönheitsideal, ich habe dafür andere einzigartige Eigenschaften. Ich bin gut so, wie ich bin.

- Ich werde das sowieso nicht schaffen. Wenn ich mich anstrenge, schaffe ich alles, was ich möchte.

- Ich habe es nicht verdient, erfolgreich und glücklich zu sein. Ich habe es verdient, erfolgreich und glücklich zu sein.

- Ich bin schwach und hilflos und kann nichts verändern. Ich bin stark und kann, wenn ich will, alles verändern.

- Niemand liebt mich. Ich bin liebenswert und es gibt Menschen, die das genauso sehen.

- Ich bin nicht gut genug. Ich reiche vollkommen aus, auch wenn ich nicht perfekt bin. Niemand ist das.

- Ich werde nie Erfolg haben. Ich bin lernfähig und habe viele Kompetenzen, die ich gewinnbringend einsetzen kann.

AFFIRMATIONEN

Unter Affirmationen versteht man positiv formulierte Glaubenssätze, die man sich durch stetige Wiederholung ins Bewusstsein ruft, um das Verhalten und Überzeugungen zu verändern. Affirmationen sind ein Werkzeug aus der Autosuggestion. Mit dieser Methode wird man nur Erfolge sehen, wenn man stetig am Ball bleibt. Der Mensch ist ein Gewohnheitstier und mit Geduld und Konsequenz kann man mit Affirmationen sein Unterbewusstsein neu programmieren. Langfristig werden Sie mit dieser Methode lernen, Situationen positiver zu bewerten. Laut einer Studie aus 2015 aktivieren positive Affirmationen im Gehirn verstärkt das Belohnungszentrum und das Areal für Selbstreflexion. Besonders stark wurden diese Bereiche angesprochen, wenn die Affirmationen zielgerichtet für die Zukunft formuliert wurden, das wurde durch MRT-Aufnahmen belegt.

Sie können sich Affirmationen laut aufsagen, aufschreiben, an Ihr Spiegelbild adressieren oder anhören.

Beispiele:

- Ich liebe und schätze mich mit allem, was mich ausmacht.
- Liebe erfüllt mich.
- Ich bin immer zur rechten Zeit am richtigen Ort.
- Ich bin stark und mutig.
- Ich bin selbstbewusst und kenne meine Stärken.
- Auch meine Schwächen sind liebenswert.
- Ich achte mich und meinen Körper.
- Ich vertraue meinen Fähigkeiten.
- Ich übernehme Verantwortung für mich selbst.
- Ich verdiene es, glücklich zu sein.
- Ich verdiene es, geliebt zu werden.
- Ich habe einem anderen Menschen so viel zu geben.
- Jeden Tag komme ich meinem Ziel näher.

VISUALISIEREN

Mit Visualisierung ist hier eine Innenschau gemeint, ein Tagtraum, den Sie selbst konstruieren
und bei dem Sie Regie führen. Im Unterschied zur
Meditation müssen Sie sich nicht in eine Tie-
fenentspannung begeben. Sorgen Sie für eine sichere und angenehme Atmosphäre, in der Sie sich
aufgehoben und wohlfühlen. Schließen Sie Ihre
Augen. Vor Ihrem inneren Auge können Sie nun
auf Ihr inneres Kind treffen. Entweder treffen Sie
es an einem schönen Ort, an dem Sie z. B. immer
sehr gern gespielt haben, oder aber Sie erschaffen
einen imaginären sicheren Raum. So könnten Sie
z. B. eine Treppe hinuntergehen und am Ende der
Stufen wartet Ihr inneres Kind auf Sie. Fragen Sie
es, wie es ihm geht, was es braucht, um glücklich
zu sein. Fühlen Sie, dass es traurig ist, dann trösten
Sie es, indem Sie es in den Arm nehmen oder ihm
aufmunternde Worte schenken. Haben Sie vorab
bereits eine Situation identifiziert, in der Ihr inneres Kind eine Verletzung vonseiten der Eltern erfahren hat, können Sie diese Situation noch mal

vor Ihrem geistigen Auge ablaufen lassen. Fragen Sie Ihr inneres Kind, wie es diese Situation erlebt hat und was es gefühlt hat. Sagen Sie ihm, dass es nicht die Wahrheit war, denn die Eltern handelten aus einer eigenen Unsicherheit heraus, waren vielleicht selbst hilflos und überfordert oder standen unter Stress. Trösten Sie es, indem Sie ihm sagen, dass Sie für es sorgen werden, es lieben und ihm geben, was es braucht. Fragen Sie Ihr inneres Kind, ob es bereit ist, den Eltern zu vergeben. Dies können Sie dann gemeinsam tun.

MEDITATION

Sollten Sie sich mit der Visualisierung schwertun, dann hat eine geführte Reise zu Ihrem inneren Kind den großen Vorteil, dass Sie dazu angeleitet werden und zu Beginn eine Einleitung erleben, um gedanklich zur Ruhe zu kommen, sich zu konzentrieren und körperlich wie geistig zu entspannen. Gewöhnlich beginnt eine Meditation mit Atem- und Achtsamkeitsübungen und Ihnen wird eine Kulisse vorgegeben, in die Sie sich gedanklich begeben. Ihre Aufmerksamkeit wird auf verschiedene Bereiche des Körpers gelenkt, um diese bewusst zu entspannen. Innerhalb der Meditation werden Sie zu Ihrem inneren Kind geführt und Ihnen Freiraum gegeben, um negative Emotionen aufkommen zu lassen und diese in positive umzuwandeln bzw. loszulassen.

Geführte Meditationen werden auch von Therapeuten angewandt und als Audiodateien oder CDs von diesen im Handel angeboten. Wissenschaftlich sind die positiven Auswirkungen von Meditation schon länger einwandfrei belegt und wenn Sie diese Methode in die Arbeit mit dem inneren Kind einfließen lassen, werden sich schon nach wenigen Stunden spürbare Effekte einstellen: Innere Ruhe und Ausgeglichenheit, Stress bringt Sie nicht mehr so schnell aus dem Gleichgewicht. Dies hat wiederum einen positiven Effekt auf Ihr Herzkreislaufsystem, das Immunsystem und den Cholesterinspiegel.

HYPNOSE

Hypnose sollte nur von zertifizierten Therapeuten durchgeführt werden und beschreibt die Kunst, eine andere Person in ihrer visuellen, körperlichen und emotionalen Vorstellungskraft in die Vergangenheit oder eine alternative Wirklichkeit zu führen, um dort Ereignisse zu erleben. Dabei wird der Hypnotiseur die Person in einen veränderten Bewusstseinszustand versetzen, die hypnotische Trance. In der Trance gibt es einen Zugang in das Unterbewusstsein.

Die hypnotisierte Person ist jederzeit wach und aufmerksam, gleichzeitig tiefenentspannt und kann sich zu jeder Zeit verbal mitteilen. In einem Vorgespräch – wenn nicht sogar im Zuge einer Verhaltenstherapie – werden Sie mit Ihrem Therapeuten Situationen besprechen, in denen Sie als Kind Verletzungen oder negative Emotionen erlebt haben. In der Rückführung erleben Sie diese Situation noch einmal – aus der Perspektive des fünfjährigen Kindes und "live". Selbst Ihre Stimme wird sich während der Hypnose-Sitzung verändern und Sie werden mit der Stimme des fünfjährigen Kindes sprechen. Ihr erwachsenes Bewusstsein ist keineswegs ausgeschaltet, es beobachtet die gesamte Szenerie und kann vom Therapeuten ebenfalls angesprochen werden. Mit therapeutischer Anleitung werden diese damals negativ erlebten Gefühle umgewandelt, losgelassen und unter Zuhilfenahme des beobachteten Erwachsenen-Bewusstseins angenommen und aufgelöst.

Grenzen in der Arbeit mit dem inneren Kind

Die Auseinandersetzung mit dem inneren Kind sollte nicht als Freifahrtschein verstanden werden, um sein inneres Kind stets und immer befriedigen zu wollen. Auch als Rechtfertigung für die Erwartungshaltung an das soziale Umfeld eignet sich dieses Konzept auf keinen Fall. Es besteht die Gefahr, etwas von dem

Gegenüber verlangen zu wollen, weil es das innere Kind so will. Gerade in der Partnerschaft tauchen dann mehr Probleme auf, als man ursprünglich lösen wollte.

Machen Sie den Fehler und setzen Ihr inneres Kind an die erste Stelle, um etwas erreichen zu wollen, dann haben Sie die Integration in Ihr aktuelles reflektierendes Erwachsenen-Bewusstsein ein wenig übersprungen. Denn: Aus dem inneren Kind wächst später das Ego heran!

Nehmen Sie die Beschäftigung mit den Verletzungen der Vergangenheit mit einem gesunden und ausgewogenen Feingefühl an. Es geht dabei auch nicht um einen Rachefeldzug oder um verspätete Schuldzuweisungen. Das wäre kontraproduktiv und bringt Sie keinen Schritt weiter. Entwickeln Sie sich weiter und schließen Sie Frieden, werden Sie dadurch glücklicher und zufriedener. Ich wünsche es Ihnen von Herzen!

Herstellung und Verlag:
BoD – Books on Demand, Norderstedt
ISBN: 9783754318393

© Julia Wiederspohn 2021
1. Auflage
Kontakt: Psiana eCom UG/ Berumer Str. 44/ 26844 Jemgum
Covergestaltung: Fenna Larsson
Coverfoto: depositphotos.com